C000055634

ISBN 978-0-666-15250-3
PIBN 10600990

PER MUSICA

RAPPRESENTATA

NELL' ALMO REALE COLLEGIO

ANCARANO

DI BOLOGNA

In occaſione delle Reali feliciſſime Nozze

DEGLI AUGUSTISSIMI

MONARCHI

DELLE DUE SICILIE &c.

PADRONI, E PROTETTORI

Del mentovato Collegio.

IN BOLOGNA MDCCXXXVIII

Nella Stamperia di Lelio dalla Volpe.
Con *licenza* de' *Superiori*.

INTERLOCUTORI.

PARTENOPE. *Signora Maria Giustina Turcotti.*

SEBETO. *Sig. Antonio Raaf virtuoso di Camera di S. A. S. E. di Colonia.*

IMENEO. *Sig. Antonio Bernacchi virtuoso di Camera di S. A. S. E. di Baviera.*

AMORE. *Signora Antonia Cermenati.*

La Poesia è del Sig. Dottore Giuseppe Manfredi.

La Musica è del Sig. Angelo Caroli, Accademico Filarmonico.

PARTE PRIMA.

Coro. MAI ful Gange al Sol nafcente
L' auree porte d' Oriente
Più bell' alba non aprì.

Parte del Coro. Oh felice, e fortunato
Chi dai Numi prefervato
Pria del fecolo, prefente
L' empia morte non rapì.

Coro. Mai ful Gange al Sol nafcente
L' auree porte d' Oriente
Più bell' alba non aprì.

Sebeto. Oh fommi Dei, chi fa fuonar d' intorno
Alle inofpiti fponde i lieti gridi!
Santi Numi del Cielo, è quefti un fegno
Della voftra pietà?
Giunfer forfe i miei pianti
Ad amollirvi il Cor?

Partenope. Solleva, amico,
L' algofa fronte, e in volto
Guardami, e poi rifpondi;
Mi vedefti già mai più bella, e altera?
Non parli? ma qual Nube
Di dolore ti offufca?
Qual pianto, ahimè, le antiche guancie innonda?

Sebeto. Oh Dei qual pianto! Senti,
Senti l' orribil tuono,
Che fcoppia dal crudele, orrido monte,
Odi come adirato
Muggendo il Mar rifponde,
Vedi la nera fiamma,
Ch' efce dalla voraggine profonda;
Ahimè, par fi confonda,
Tanto s' accrefce, e innalza

A 2   Dal-

Dalla scoscesa balza,
Colle nubi, che pure ardon fra i lampi;
Guarda l' igneo torrente
Sterminator, che le mie rive addugge,
Scorrer giù per la nuda, aspra pendice,
Mira, che quanto incontra
Per la strada infelice
Arde, svolge, e distrugge.
Eccomi già senz' acque,
O pur con póche, e nere;
E tutto ciò Donna Real tu vedi;
E poi del pianto mio ragion mi chiedi?
   Fuggon le genti,
   Sdegnan gli armenti
   L' arse mie sponde,
   Fin l' onde
   Immonde
   Rigetta il Mar.
   Raro è quel giorno,
   Che fa ritorno,
   E non m' ascolta
   Un' altra volta
   A sospirar.

Partenope. Perchè ti affliggi amico
Figurando presente agli occhi tuoi
L' immagine crudel di un mal passato?
So che a ragion tu piangi,
E il so per prova, anch' io
Della furia spietata, i rei vestigi
Su la fronte, e sul petto impressi or porto,
Ma a tanti chiari segni
Co' quali, ora rendendomi felice,
Placato il Ciel si mostra,
Obbliando i miei mali,
Tanta rabbia argomento estinta omai.

           Santi

Sebeto. Santi Numi del Ciel, fra tanti guai,
    Dopo un sì lungo pianto,
    Dovrò preſtar io fede
    Al bel raggio di pace,
    Che ſplender ſembra intorno ai mali miei?
Partenope. Tu incredulo pur ſei. Penſa a quel giorno
    In cui ſu`l' ale ai venti
    Scorrer per ogni parte
    Di Carlo udimmo il nome,
    E Carlo, Carlo ripetean ſovente,
    Facendo Eco feſtoſa al chiaro grido,
    Non che le noſtre ſponde,
    Fino il Sicano Lido;
    Gli occhi allora innalzai, e vidi, o viſta!
    O memoria gioconda!
    Vidi l' altera nave, che premendo
    L' immenſo dorſo ai flutti,
    Le belle vele d' or ver me ſpiegava;
    Intorno a lei ſpirava
    L' aura ſeconda, e cento
    Vaghe Ninfe marine, ignude il petto,
    Ebre d' alto diletto,
    Ornavan di coralli, è di conchiglie
    Della nave felice il fianco, e il roſtro.
    Dietro lei da vicino
    Lieti, e tranquilli appieno
    Amfitrite, e Nettun ſul Carro aſſiſi
    Venian ſcuotendo ai lor cavalli il freno,
    E poco innanti,
    Quà, e là per l' onde erranti
    Gli ſquamoſi Triton, gonfij le gote,
    Davan fiato alle trombe.
        Non eran fulgide
        Di un sì bel lume
        Le felici acque,

                Qùel

>   Quel dì, che nacque
>   Dalle lor ſpume
>   La bella Venere
>   Madre d' Amor.

Sebeto. Allor confeſſo anch' io,
   Che fuſſe giunto il fin de' mali miei
Mi nacque in cor ſperanza,
   E l' ore del goder penſai vicine.

Partenope. Fra 'l comun plauſo infine
   (Troppo mi giova il rammentar mia gioja)
Giunſe il gran legno ad afferrar là ſponda,
Ed ecco ſu la prora
Il Giovane Real toſto comparve,
Che alle famoſe inſegne,
Che ondeggiavan ſpiegate a lui d' intorno
Per un' auguſto Ramo io ravviſai.
Di quella altera pianta al piè, di cui
Spagna giace ſecùra.

Sebeto. Ben mi ſovvien, l' aſta impugnava, e il tergo
Lucidiſſimo Acciar veſtiva, e il petto,
E col pennuto elmetto
Il crin biondo copriva,
Pendendo il brando fier dal fianco adorno;
Tal forſe Achille un giorno
Comparve armato allo Scamandro in riva.

Partenope. All' apparir del Marziale aſpetto,
A temer ſempre avvezza
Impallidij, tremai,
Ma il pio Signor, che impallidir mi vide
Amica non temer, diſſe, e volgendo
Ver me benigno il guardo aſſecuròmmi,
Ch' ogni nebbia d' orrore
Sgombra d' intorno al core
Il dolce balenar degl' occhi ſui;
Queſt' armi poi, ſoggiunſe, e queſti chiari

Seguaci miei, faran tuoi fidi amici,
E in tua difefa ognor il dice, e intanto,
Scende dalla gran Nave, e tocco il lido
Mi corre fra le braccia;
Mi accarezza, m' abbraccia,
E tergendo il mio pianto,
Alfin moffo a pietà de' noftri guai,
Mi giura fe di non partir più mai.
  Ah che giammai non forfe
  Terribile Procella,
  Che non feguiffe a quella
  D' amica luce un raggio,
  Che invitane a fperar
   Non fon men dolci, e cari
   I giorni lieti, e chiari,
   Benchè un po tardi giungano,
   Che a prezzo dì goderli
   Soave è l' afpettar.

Sebeto. Partenope non più, confeffo anch' io,
Che tanta in fen nudrendo
Per te il Germe real cura, ed Amore,
De' tuoi volgendo a fuo piacere il freno,
Saremo alfin quafi contenti appieno.

Partenope. Quafi contenti appieno?
Cielo, che intefi mai!
Qual ne conceffe il Cielo dono tu fai,
Ne pur ravvifi il tuo felice ftato?
Che più ti manca ancor? Rifpondi ingrato.

Sebeto. Donna real perdona.
Afcolta prima, e poi
Dimmi ingrato, e condannami fe voi.
Perchè un ben fia perfetto
Conviene, e tu lo fai,
Che fin non abbia mai;
Ma quel Veglio crudel, quel tempo edace,

    Che

Che di sì belle spoglie a te rapite
Superbo và, speri tu forse .....
Partenope. Ascolta,
   Già al benefico Nume, ad Imeneo,
   A cui commise il Fato
   De' regni in terra propagar le sorti
   Calde preghiere offersi,
   Ned ei sprezzarle ha in uso,
   Onde vederlo io spero
   Volger tra poco a queste sponde il volo,
   Per eternare a noi
   La regia stirpe ne' Nipoti Eroi.
Sebeto. Ah voglia il Ciel, che tosto
   Egli adempia tue brame,
   Allora sì ...... ma di qual nuovo lume
   Sfavilla il Ciel dintorno?
   Che dolce suono è questo,
   Che si rallegra il cor? Sogno, o son desto.
      Ecco Imeneo, che scende,
      Vè come l' aria fende,
      Ben lo ravviso a quella
      Chiara, immortal facella;
      Guarda la veste eletta,
      Che scherza con l' auretta,
      Mira, che fresche rose
      Giove sul crin gli pose.
Partenope. Ah non t' inganni, e l' altro
   Garzoncel, che movendo a lui vicino
   Libra su le pint' ali
   Il vezzosetto, e lieve,
   Gentil corpo di neve
   Ben lo ravviso, e il sì temuto Amore;
   Porta saette, ed arco
   In barbara sembianza,
   E per antica sua crudele usanza,

                Di por-

Di porporina benda
Ognor ricopre i lumi.
Chiniamci a terra ad adorare i Numi.

Imeneo. In così lieto giorno
  Alla mia face intorno
  Scuota il piacer le piume,
  Come farfalla al lume;
  A questa face innanti
  L' aspre querele, e i pianti
  Fuggan siccome suole
  Nebbia dinanzi al Sole.

Partenope. Gran Nume, o tu, che il Mondo
  Spargi di lieta pace, o tu, che tieni
  Il tempo rapitor vinto in catene,
  Ascolta i nostri voti.
  Se pur mi ami, se tu .....

Imeneo. Basta amica, non più, fo quel che brami.
  Giunsero grati a Giove
  Sul Cielo i preghi tuoi,
  Vedrai per opra mia
  La stirpe del tuo Re fatta immortale;
  Figli nell' opre illustri emuli al Padre
  Fuor del fecondo fianco
  Della bella sua Sposa uscir vedrai.

Partenope. Ah dì, Signor, chi mai
  Fu la Donna felice in Cielo eletta
  Al Talamo Real?

Imeneo. Sotto l' impero
  Del fortissimo Augusto,
  Di tanta gloria onusto,
  Piega Sassonia l' onorata testa,
  Questi seguendo dell' estinto Padre
  Le chiare orme immortali,
  Non per merto di sangue, e di natali,
  Ma da valore invitto

      Scor-

Scorto per lungo aſpriſſimo cammino,
Or preme ancor della Polonia il Trono.
Dal Seme altero d' un sì chiaro Eroe
Uſcì dunque colei,
Che eletta è dagli Dei
A far di ſe felice il tuo Signore.
Quale bellezza, e quale
Splenda virtude in lei non viſta mai
Tu fra poco il ſaprai, ora conviene
Por mano alla grand' opra.

Sebeto. Oh contento, oh piacer tanto più dolce
Quanto aſpettato men! Pur dimmi Amore,
Come ti fia conceſſo
Il trionfar del giovanetto ibero?
Come i lor cori unir, quando fra loro
Tanto di terra, e mare
Frapoſero gli Dei?

Amore. Semplice, che tu ſei,
Fia ciò impoſſibil forſe a chi ferito
Per terrene bellezze
Converſo in pioggia d' oro,
Ed ora in Cigno, e in Toro
Trar fin Giove dal Cielo un dì poteo?
Quale oſtacolo il corſo
Già mai forſe a tardar di mie vittorie?
Dov' è quel, che reſiſta al mio potere?
Scorro in mezzo alle ſchiere
Degli invitti guerrieri,
Sprezzo l' ire feroci,
Le minaccioſe voci;
Chi accendo, e chi feriſco.
Trema quel forte,
Che or, or sfidò la morte, e altera impreſa
Sembragli l' aſſalir con pianti, e preghi
La durezza d' un core, e ſe un dì vince,

Trionfa allor come se avesse appunto
L' Ottoman vinto in guerra,
E stesa al fin la rea Bizanzio a terra.
   (a) Guarda là in riva al Gange
      L' indomito Alessandro,
      E là sù lo Scamandro
      Di Ettorre il domator.
       Vinto da chi già vinse
       L' uno i trionfi obblìa,
       L' altro d' Ifigenìa
       Piange la morte ancor.

Imeneo. Non più parole omai; ch' ogni dimora
Troppo al comun desir costa, e dispiace.
Nume amico moviam per l' alto or noi
A tessere il gentil nodo, che dee
L' alme accoppiar dei due sublimi Eroi.
Voi di verace speme
Ripieni il cor, lieti vivete omai;
Poco andrà, che su queste
Felicissime rive
Fia, che scesi di nuovo ogniun ci scopra
Compita già la memorabil' opra.
      Bella clemenza, e fede
      Faccian quaggiù ritorno,
      Scendano a queste intorno
      Stabil fortuna, e gloria
      Vittoria,
      E Maestà;
       E nel momento istesso,
       Ch' io stringerò il bel laccio
       Alla real Donzella
       Volin le prime in braccio,
       L' altre soggette, e pronte

Pie-

(a) *All'aria presente, addattata al recitativo, che la precede, solamente per comodo della Mu-*
sica, è stata sostituita l'arietta stampata dopo il fine della presente Serenata.

       Pieghino al Re la fronte,
       E giurin fedeltà.

Partenope. Per sì belle promelfe amici il canto
    Lieti fciogliete intanto.
    E tu benigno fol per le ferene
    Strade del ciel sferza i deftrieri tuoi
    Il dì bramato conducendo a noi.

Coro.   Ai cheti foggiorni
        Dell' umide grotte
        Più prefto fen torni
        La placida notte,
        Che il giorno preceda
        Sì caro agli Dei.

Parte del Coro.   E il bel dì lucente,
        Che l' ha da feguire
        Sul vago Oriente
        S' affretti a falire,
        Acciò non ralfembri
        Più pigro di lei.

Coro.   Ai cheti foggiorni
        Dell' umide grotte
        Più prefto fen torni
        La placida notte,
        Che il giorno preceda
        Sì caro agli Dei.

FINE DELLA PRIMA PARTE.

PARTE SECONDA.

Coro.   CHI non conofce Amore
       Ben ha di ferro il core:
Parte del Coro.   Coll' agitar le fronde
       Parlan d' Amor le piante,
       Col mormorar dell' onde
       Il rufcelletto errante.
Altra parte del Coro. D' Amor gli augej fra loro
       Su 'l mirto, e fu l' alloro,
       E fin le Tigri ifteffe
       Ardon d' Amore anch' effe:
Coro.   Chi non conofce Amore &c.
Amore. Cingetemi le chiome
    Di fronda trionfale, in quefto giorno
    Amici ho vinto in fine,
    Scorgo il bel regno mio
    Occupar della terra ogni confine.
Partenope. Arde il mio Re d' Amore?
Amore. L' infallibil faetta al cor gli è giunta:
    Ei non potea gir folo
    Fra i Numi, e fra i mortali
    Illefo da miei ftrali.
Sebeto. Chi compì la grand' opra eterni Dij?
Amore. Imeneo la difpofe, io la compij.
Imeneo. Al nobil fianco appena
    Quefta face accoftai, che il dolce foco
    Rapido per le vene
    Al fen gli corfe, e circondogli il core.
    D' un più vivo fplendore
    Arfero allora, e balenar quegli occhi,
    Sofpirò, rife ancora,
    E viderfi talora
    Comparir fu quel vifo

L' af-

L' affanno infieme, e il rifo;
Diftinguer non potea
Se ciò, ch' egli fentiva entro del petto
Fuffe pena, o diletto.

Amore. Io allor, che il cor gli vidi
Ben d' altra brama ingombro,
Che, disfidar fchiere nemiche in campo
Ritratte in breve tela
Le belliffime forme
Della Vergin Real gli prefentai,
E nel momento iftello
Di Carlo i fatti egregi
La fama intorno a rifuóhar mandai;
Così mentre, che l' uno
Avido da begli occhi
Sugendo và l' amabile veleno,
L' altra, che vaga ognora
Del giovanetto Rè le gefta afcolta,
Refta in que' lacc) colta,
Ed ambi in fine,
Fra dolci affanni; e pene,
Offron contenti il piede a mie catene.

Partenope. Efulti Italia tutta, e più che altrove
Il giubbilo, e la fpeme
Paffi di vòi figlj diletti in feno.
Entro de' Regi petti
Amor t' accrefci, e quefto Popol mio
Te celebrando chiami
Bella cagion primiera
Di quanto lieto or gode, e quanto fpera.

  Agil deftrier, che al fianco
  Il Cavalier ferifce,
  Mordendo il fren nitrifce,
  Scuote la chioma, e mille
  Spargendo alte faville,

         Divo-

Divorafi il fentier;
 Tal per la via d' onore,
 Punto da te nel core,
 Correr vedrem veloce;
 Feroce
 Il giovane guerrier.

Sebeto. Ma infin, fe dopo tante
 Mirabili opre voftre
 Difunifce pur anche i regi Amanti
 La crudel lontananza,
 Numi, con voftra pace,
 Dite, che giova a noi tanta poffanza?

Imeneo. Attendi il fine, e taci. Entro i due cori
 Le faville d' Amor io vidi appena,
 Che con eterno indiffolubil nodo
 E l' Uno, e l' Altra avvinfi;
 L' alta Donzella io fpinfi
 Con incognita forza
 Tofto a volar del dolce Spofo in traccia;
 Dalle paterne braccia
 Prefe gli ultimi ampleffi, e fenza tema
 Lieta intraprende il lungo, afpro viaggio;
 Già pafsò la Boemia, e il trionfale
 Danubio valicò, di Giulio l' alpi
 Superar feppe, e vide,
 E del Timavo i fonti, ed Acquileja
 Del gottico furor mifero avanzo,
 D' Antenore le mura, e d' Adria i flutti
 Serenò co' begli occhi,
 All' Eridano altier pafsò fu 'l dorfo,
 E profeguendo il corfo
 Rapidamente, addietro
 Lafciò gli Umbri, e i Sabini, e quefto giorno.
 Non farà al Mar ritorno,
 Che de' fuoi pregi adorna,

       E ama-

E amabil più che mai,
Giunta al tuo fuol felice
Partenope Real tu la vedrai.

Amore. Popoli voi felici,
Che mirar la potrete.
Dalle man delle Grazie, e degli Amori
Opra più bella non ufcì già mai;
Entro que' vaghi rai,
Nel bel vifo celefte
Ciò che divifo in mille un dì vedefte,
Or mirerete accolto,
Son doni di quel volto
Le mie vittorie, ed i trionfi miei,
E pur bellezza, è il minor pregio in Lei;
Febo già mai non vide,
S' alzi fu quefta fponda, o fcenda a quella
Raccolta in più bel velo alma più bella.
　　　Quel bel, che adorna
　　　La vaga Salma
　　　Raggio è dell' alma
　　　Scefa dal Cielo,
　　　Che non può il velo
　　　Tutta coprir.
　　　　Nube leggera
　　　　Così pur fuole
　　　　Oppofta al Sole
　　　　Chiara apparir.

Sebeto. Ah, in tanta gioja, o Numi,
Potrei fperar io mai
Sazio il Ciel de' miei lunghi, acerbi guai?
Per fin a quando, o Dei,
Superbo il crudo monte
Andrà de' mali miei? Ah non conviene.....

Amore. Fugga di affanni, e pene
La memoria infelice, in sì bel giorno.

Tut-

Tutto cangioſſi; appena
All' orribile Saſſo
Volgerà la gran Donna
Il dolce lume de' begli occhi ardenti,
Che, la natìa fierezza
Scordata al fin, tu il mirerai dal ſeno;
Nido già di terror, dell' atra in vece
Fiamma crudel, lieto tuonando, un Fiume
Verſar di mille, e mille
Lietiſſime faville,
Che, in cento vaghe guiſe
L' aria ſcorrendo intorno in preda ai Venti,
Accreſcerán la gioja
Di queſte liete, avventuroſe genti.

eto. Se premio eſſer doveva al pianto mio
L' alto piacer, che il petto ora m' inonda
Oh lacrime ben ſparſe !
Che più deggio bramar? felice or ſono.
Omai ſtelle nemiche io vi perdono.

    Tornate, o Ninfe erranti,
    Tergendo i lunghi pianti,
    Alle natìe voſtr' acque,
    Che in Cielo alfin diſpiacque
    Sì barbaro furor.
        Vedrem ſu queſte Sponde
        Arſe fin' ora, immonde
        Palme ſuperbe, e allori
        Creſciute ai bei ſudori
        D' un Popol vincitor.

eneo. Amici, o ſe vedeſte
Ciò, che vedere ai Numi
Nel cupo ſen dell' avvenir ſol lice !
Stirpe altera, felice,
Chi potrà pareggiare i pregi tuoi?
Per te de' Regni ſuoi

                    L' auro-

L' aurora temera l' ultimo danno,
E fra le arene ardenti
Gelerà di timor l' afpro, feroce
Abitator di Menfi, e di Cirene;
De' tuoi gran vanti piene
Vedrai le Storie un giorno,
E tua gloria, crefcendo, andrà sì lunge,
Che appena il Sol co' raggi fuoi vi giunge.
   Affrica trema, io veggio
   Qual turbin fi fcatena,
   Tu alfin cadrai, la pena
   Temi de' falli tuoi.
    Saran tue membra efangui
    Spavento all' empie trame,
    E farà il tronco infame
    Pafto degli avoltoi.

Partenope. Tornate pur, tornate
Al voftro almo foggiorno, o delle ftelle
Felici abitatori;
Là fra i Numi portate
La felice novella,
Che già mai non compifte opra più bella.
E voi gioite, o figli, e un fol momento
Senza goder di quefto dì non paffi,
Ogni valle, ogni riva
Suoni d' inni feftofi, e lieti viva.

Una parte del Coro. Viva Carlo: e la Fama immortale
   Le gran gefta portando fu l' ale,
   Da noi fugga l' affanno, il timore,
   Dai nemici la forza, e l' ardir.

Tutto il Coro.   Da noi fugga l' affanno, il timore,
   Dai nemici la forza, e l' ardir.

Altra parte del Coro. Viva Amalia: e fin tanto, che in Cielo
   Spiega i raggi il gran Nume di Delo,
   Non fi fcordi la gloria il fuo nome,

         Ed

Ed ogni antro l'impari a ridir.

Tutto il Coro.   Non ſi ſcordi la gloria il ſuo nome,

Ed ogni antro l' impari a ridir.

F I N E

Se v' ha chi cerchi altrove,
Che in me pace amoroſa,
Cerca fra il gel la roſa,
Il giglio fra le brine.
In mezzo a bronchi, e a ſpine
Quando ſpuntò mai fior ?
    Stan ſolo a me d' intorno
Gioja, diletto, e riſo.
Attente a queſto avviſo
Alme ſoggette a Amor.

Le parole Fato, Deità, Adorare &c. sono forme poetiche, e non sentimenti del Poeta, che si protesta vero Cattolico.

Vidit D. Aurelius Castanea Cler. Regular. S. Pauli, & in Ecclesia
Metropolitana Bononiæ Pœnitentiarius pro Eminentissimo, ac
Reverendissimo Domino D. Prospero Cardinali de Lambertinis,
Archiepiscopo Bononiæ, & Sac. Rom. Imp. Principe.

Die 7 Augusti 1738

IMPRIMATUR

F. Thomas Augustinus Ciccarelli Vicarius Generalis S. Officii Bo-
noniæ.

Lightning Source UK Ltd.
Milton Keynes UK
UKHW021006161218
334046UK00008B/816/P

9 780666 152503